Le pouvoir est en nous

Adrien SMAJDOR

Sommaire

Première partie p.15

- Chapitre 1   p. 17
- Chapitre 2   p. 22
- Chapitre 3   p. 26
- Chapitre 4   p. 30
- Chapitre 5   p. 34
- Chapitre 6   p. 37
- Chapitre 7   p. 42

Deuxième partie p. 46

- Chapitre 8   p. 48
- Chapitre 9   p. 50
- Chapitre 10   p. 54
- Chapitre 11   p. 57
- Chapitre 12   p. 61
- Chapitre 13   p. 65
- Chapitre 14   p. 66
- Chapitre 15   p. 69

L'auteur et l'association « 1Mot, 1Vie »

Je suis Adrien SMAJDOR, un jeune étudiant lyonnais de seulement 18 ans. Depuis longtemps passionné d'écriture, de philosophie, j'étais (et le suis encore à mes heures perdues) auteur interprète. Idéaliste, rêveur et pragmatique, j'espère, un jour, commencer une carrière dans le coaching en motivation et développement personnel.

J'ai récemment crée ma propre association.

L'association 1Mot, 1Vie est une jeune association française, ayant pour objectif d'apprendre aux personnes à se libérer des poids de la vie à travers l'écriture.

En effet, j'aime comparer la feuille à une personne insensible, sans âme, capable de tout encaisser sans jamais dénoncer ou divulguer à autrui. Sur une feuille, nous pouvons écrire nos joies, nos colères, notre amour et notre haine, notre lumière et nos ténèbres… Tout cela sans jamais être jugé.

L'écriture permet de se libérer car on laisse sortir nos émotions les plus enfouies, on les laisse s'évader de notre corps. Je vous invite à faire l'expérience. Si un jour vous êtes très énervé, alors écrivez cette colère, donnez lui une âme, un personnage, vous verrez qu'au bout de 20 minutes d'écritures vous serez « épuiser d'être énervé » et donc vous ne serez plus énervé.

L'association 1Mot, 1Vie intervient principalement dans les hôpitaux, auprès des malades qui souffrent souvent en silence. L'association envisage également d'ouvrir son activité au grand public à travers des ateliers d'écriture.

Le pouvoir est en nous

Les gens tournent en rond, dépriment, se demandent pourquoi ils sont là, pourquoi eux, pourquoi leur vies ne ressemblent à celle des films. La réalité c'est que les gens recherchent l'espoir, l'espoir, un jour de voir leur rêve se réaliser, l'espoir d'enfin commencer à vivre. Ils ont besoin de croire en quelque chose ou en quelqu'un, qui les amènera vers le bonheur, la gloire, la joie, l'amour et tous ces états de grâce si difficile à atteindre dans la pensée générale.

Les humains n'attendent que ça, trouver quelqu'un ou quelque chose qui les amènera vers un sentiment de bien-être permanent, de sécurité. Ils veulent comprendre pourquoi ils vivent sur cette terre, quels sont leur but, leur destinée, pourquoi eux ?

A travers ce livre, je ne vais pas vous donner une formule magique. Je n'ai aucune connaissance en psychologie ou autre, je ne suis pas un chercheur ou bien un docteur en quoi que ce soit. Mais pensez-vous réellement que pour donner des émotions à quelqu'un il faut seulement avoir un doctorat accroché à son mur ? Transmettre et recevoir des émotions est la nature même de l'Homme… Alors oui je ne suis personne et je n'ai pas la prétention de pouvoir diriger ou même aiguiller votre vie avec ce livre. J'espère, en réalité, juste pouvoir partager avec vous.

Voici les états d'âmes d'un jeune homme de seulement 18 ans qui souhaite partager avec vous ses peurs, ses victoires, ses échecs, sa vie…

J'ai rédigé ce livre sous forme de « phases » de ma personnalité, c'est-à-dire que je n'ai pas écrit par chronologie telle une autobiographie. J'ai simplement choisi de vous exposer tout les aspects de ma personnalité, de mon cœur, de mes émotions, de ma pensée.

Oui je l'avoue cela m'a aussi fait du bien, de pouvoir tout lâcher. Ecrire ce que j'ai sur le cœur et dont je ne trouve pas les mots pour l'énoncer verbalement.

J'espère que ce livre vous plaira, je ne suis pas un grand écrivain, mais bien un simple étudiant qui rêve de changer le monde, de devenir un héros. C'est pourquoi j'espère que vous ne me tiendrez pas rigueur de mon manque de style littéraire.

Je ne suis personne, d'où le nom du livre, mais je deviendrai quelqu'un. Je guiderai ce monde vers des chemins plus sûrs. Je deviendrai fort et grand afin d'aider les autres, de les comprendre et les aimer.

Il y a des dieux mais aussi des humains. Nous sommes également puissants ! Nous sommes dotés d'un cœur nous donnant le pouvoir des émotions ne l'oublions pas ! Nous avons le pouvoir d'aimer, de créer et de changer l'humanité... Nous possédons également le don de penser avec ce cœur, là est la vraie force, là est l'identité humaine. Qui a dit que l'être humain était faible ? Notre faiblesse naît de notre incapacité à nous rendre compte à quel point nous sommes puissants, nous, simples humains.

Pourquoi je désire devenir quelqu'un ? Pourquoi avoir le pouvoir en prônant tant d'humanité ? N'est-ce-pas contraire à mes valeurs ?

Je le pensais, mais j'ai compris mon erreur… Il y a deux chemins possibles : Le pouvoir destructeur ou le pouvoir créateur. Ce dernier est en fait simple à expliquer : Si vous êtes puissant, vous impactez sur le monde. Si vous décidez en même temps de faire le bien, alors vous pourrez guider le monde, le guérir et l'inspirer. Des hommes l'ont prouvé, Luther king, Mandela…

Oui je crois profondément en l'Homme et en un futur meilleur.

Je fais partie de ces idéalistes que vous traiterez de fous et de rêveurs frustrés de leurs vies.

Avez-vous tort, avez-vous raison, à vrai dire je n'en sais rien... Je sais juste une chose, je me battrai dans ma vie pour les valeurs que je défends dans ce livre...

J'ai volontairement découpé le livre en 2 parties : Dans la première j'ai choisi de vous parler de moi, loin de moi l'idée de m'aimer beaucoup trop. Je souhaitais plutôt me rapprocher de vous, que, grâce à ces lignes, vous puissiez avoir la sensation de me connaitre.

N'appelons pas ça autobiographie, appelons cela introspection. Je vais vous montrer toute les idées qui se battent sans cesse dans ma tête. En passant par les idées lumineuses et par celle les plus sombres. L'idée est que tout soit dit entre nous et que vous, amis lecteurs, arriviez à me cerner ou du moins grossièrement.

Dans la deuxième partie, j'ai choisi de vous écrire un concentré de motivation, en vous parlant de différentes « puissances » que nous avons tous en nous : L'espoir, le rêve, l'ambition…

Les objectifs de cet ouvrage seront différents selon la personnalité des lecteurs. En effet, certains seront heureux de se rendre compte qu'ils ne sont pas seuls à penser de manière si spéciale, de voir le monde de cette manière. D'autres y trouveront un concentré de motivation qu'ils pourront lire tous les jours. Je ne suis pas un sauveur, ni un sage, mais j'aimerai que grâce à ce livre, certains, retrouvent le sourire et la force de vivre ce qu'ils ont envie de vivre et non ce qu'on leur ordonne de vivre…

Merci à tous et bonne lecture…

Voici quelques unes de mes citations favorites que je souhaite partager avec vous…

« Dans les ténèbres nait la lumière, dans la douleur naît la force.

Dans les pleurs naît le sourire, dans la peur, le courage.

Dans l'ombre naissent les grandes causes et les grands hommes »

« Nous sommes ce que nous pensons. Tout ce que nous sommes résulte de nos pensées.

Avec nos pensées, nous bâtissons le monde » Bouddha

« Il n'y a qu'une seule chose qui rend un rêve impossible : La peur d'échouer » Paulo Coelho

« Quand vous voulez réussir autant que vous voulez respirer, alors vous réussirez »

« Notre peur n'est pas d'être inadapté aux autres. Notre peur la plus profonde est de briller au-delà de toute mesure. C'est notre lumière qui nous effraie, pas nos ténèbres… » Marianne W.

« Les grandes choses sont accomplies par ceux qui ont de grandes idées et qui vivent leur vie pour réaliser leur rêves. » Ernest Holmes

« Ce qui compte dans la vie, ce n'est pas le simple fait d'avoir vécu, c'est la différence que nous avons fait dans la vie des autres. Ceci détermine le sens de la vie que nous vivons. » Nelson Mandela

« Ce qui m'effraie ce n'est pas l'oppression des méchants, mais l'indifférence des bons » Luther King.

« J'ai décidé d'opter pour l'amour, la haine est un fardeau trop lourd à porter » Luther King

« J'ai appris que le courage n'est pas l'absence de peur mais la capacité à la vaincre » Nelson Mandela

« En faisant scintiller notre lumière, nous donnons le droit aux autres de faire de même » Nelson Mandela

« Marche par marche, étage par étage… montagne par montagne »

Première partie

L'inconnu qui veut devenir quelqu'un...

Chapitre 1 : Qui suis-je ?

Qui suis-je ? C'est peut-être la question la plus difficile qu'un être humain ait eu à se poser dans sa vie. Qui je suis, pourquoi je vis ? A l'heure actuelle il n'existe peu voire pas de personnes ayant cette réponse. Nous naissons, nous vivons, nous mourrons, mais si nous sommes condamnés à mourir alors pourquoi vivre ? C'est pourquoi j'ai décidé de me donner un but, je veux savoir pourquoi je respire, pourquoi je me bats. J'ai vu un film récemment, « Equalizer » avec Denzel Washington. Une phrase m'a réellement marquée et je me retrouve bien en elle.

« C'est l'histoire d'un chevalier en armure qui vit dans un monde où les chevaliers n'existent plus »

Cette phrase me définit parfaitement. Je suis un rêveur, un idéaliste, j'ai toujours regardé avec admiration ces héros des DC comics. Toujours en train de rêver de devenir le multimilliardaire qui devient un héros la nuit et qui attire toute les femmes, tel Bruce Wayne. J'ai d'ailleurs grandi avec ces héros, je grandis encore avec, puisque je n'ai toujours pas arrêté de regarder les séries racontant leurs histoires. Je me suis toujours imaginé secourir les personnes en détresse, combattant la misère et la violence, apportant de l'amour et de l'espoir sur mon passage.

La réalité me fait mal car je me rends compte qu'il ne suffit pas de se balader en costume moulant pour être un héros. On ne naît pas héros, on le devient ; je me le répète souvent. Mais quels sont ces actes qui nous permettent d'en devenir un ? Là est la vraie question et de loin, la plus dure. C'est de là qu'est née mon envie et même mon obsession de marquer le monde par mes actes.

J'aime bien le terme « guerrier de la lumière » pour me définir. La première fois que j'ai vu ce terme, c'était dans le livre « Manuel du guerrier de la lumière » de

Paulo Coelho. Une page m'a réellement marquée, la voici :

« Tout guerrier de la lumière a eu peur de s'engager dans le combat. Tout guerrier de la lumière a trahi et menti par le passé. Tout guerrier de la lumière a déjà perdu foi en l'avenir. Tout guerrier de la lumière a souffert pour des choses sans importances. Tout guerrier de la lumière a blessé quelqu'un qu'il aimait. C'est pour cela qu'il est un guerrier de la lumière ; par ce qu'il est passé par toutes ces expériences et n'a pas perdu l'espoir de devenir meilleur » Paulo Coelho.

Depuis mon plus jeune âge, je me sens différent. J'ai toujours vécu en décalage avec les autres. Pendant que certains admiraient des stars de foot, moi j'admirais des grandes causes. Pendant que certains disaient je vais m'instruire et vivre normalement, j'étais là à clamer que je changerai le monde. Je deviendrai riche, puissant, humble, sage, sauveur du monde, sauveur des autres, et j'en passe.

J'ai toujours été très dur avec moi-même, souvent trop. J'ai toujours voulu m'imposer la réussite et m'interdire l'échec. Mais sachez une chose, l'échec est aussi important que la réussite. Quand vous perdez vous apprenez. Quand vous apprenez, vous vous améliorez et, à la fin, vous gagnez. Je pense qu'en fait, j'avais peur de perdre. J'avais peur de ne pas atteindre mes rêves et qu'on me dise « Adrien, tu vois tu n'as rien fait dans ta vie ». Et cette peur m'anime encore… Oui j'ai peur de partir de ce monde et de n'avoir rien fait. De n'avoir été qu'un grain de sable que le temps balayera. Je ne peux pas permettre ceci. Je ne peux pas partir de cette façon car j'aurais la sensation d'avoir raté ma vie. Ce que certains appellent de la prétention, j'appelle ça de la détermination.

Au fond de moi, je suis une contradiction, je suis le ying et le yang. Je peux, par exemple, prôner la positivité et moi-même tomber dans la négativité. Tout cela me ronge, car je m'en rends compte. Je le comprends et je me dis qu'au lieu de faire un pas vers mes rêves, je recule... Oui il m'est arrivé d'imploser, de me demander si cette voie que j'ai choisis de suivre n'amène-t-elle pas au burnout à la fin ? Moi qui prône vouloir être un guerrier de la lumière... Je ne suis pour le moment qu'une lueur dans une étendue de ténèbres qui attend pour s'embraser et briller.

Chapitre 2 : L'artiste trop sensible et incompris

Depuis mon plus jeune âge, je souffre de cette hypersensibilité. Je prends trop à cœur tout et n'importe quoi me dit-on. J'ai souffert, je souffre et je souffrirai de cette sensibilité. Certains diront que la sensibilité est une preuve d'intelligence. Oui ça l'est, être capable de comprendre quelqu'un, de ressentir de l'empathie, de souffrir avec une personne ou pour une personne même quand nous ne sommes pas liés. Oui ceci est une force car après tout, si tu veux aider les autres, les aimer, les comprendre, il faut pouvoir ressentir ce qu'ils ressentent. Il faut pouvoir souffrir et rire avec eux, comprendre leurs actes.

Mais la sensibilité peut, également, apparaitre comme une faiblesse. Pourquoi ? Car les gens s'en servent contre toi. Ils comprennent que tu prends tout à cœur, que même un petit détail peut te détruire émotionnellement. Alors ils appuient là ou ça fait mal, te forçant à pleurer, ou à exploser de colère pour te faire passer pour une personne instable, pour un colérique, incapable de se contrôler. Mais que savent-ils de toi ? Comment peuvent-ils voir que tu ne t'énerves pas contre eux mais pour eux... Que tu pleurs car tu te sens faible et non pas seulement car ils t'ont blessé. Te dire que malgré tout, tu aimerais que ces gens te comprennent, qu'ils t'aiment, qu'un jour tu les sauveras de leur tristesse. Un peu à la manière de Gandhi, qui défendait tant cette loi de la « non-violence », je ne comprends et ne comprendrai jamais comment les gens peuvent être mesquins et se vouloir du mal les uns envers les autres.

Je me souviens et je le vis encore, beaucoup de personnes aiment rire de moi, ou plutôt se moquer de moi. Ce garçon qui essaye de faire rire les autres, de les écouter, et qui passent pour un illustre débile... Ces personnes ne me voient pas tel que je suis, ne voient pas la souffrance qui s'empare de mon esprit, elles se contentent de juger ce qu'elles voient ou plutôt ce qu'elles déduisent.

Ces moqueries et cet isolement je l'ai vécu depuis très jeune. En effet, j'ai sauté une classe (le CM1) suite à des capacités d'enfant précoce détectées. Je sautais donc une classe mais ne m'attendait pas à tant de réaction de mes camarades : « Tu te la pètes, tu te crois plus fort que les autres ». J'ai été jugé, critiqué, moqué, alors que je ne disais rien, je voulais juste être ami avec ces gens, partager et vivre des bons moments. Mais eux me voyaient comme quelqu'un de néfaste, prétentieux et égoïste...

Alors j'ai écris... J'ai, un soir, pris une feuille et décider d'écrire toute cette colère, cette noirceur. C'est depuis ce jour qu'est née ma passion et mon admiration pour l'écriture. En effet, j'aime caricaturer la feuille comme une personne sans âme qui encaisse tout ce que vous avez à lui dire, sans jamais vous juger, sans jamais vous répondre, elle vous écoute c'est tout. En écrivant vous pouvez devenir qui vous voulez être, vous pouvez écrire les choses les plus joyeuses comme les choses les plus sombres, sans crainte car la feuille est votre meilleure confidente.

C'est de là qu'est né le personnage kalypso, c'est mon pseudo de rappeur. Je n'en fais pas mon métier, mais il m'est arrivé dans le passé de faire quelques scènes. Ma plus grande fierté dans tout ça, ce n'est pas la « gloire » c'est d'avoir vu des gens touchés et sensibles à ce que j'écrivais, sensibles à mes histoires et à l'écriture de mon cœur…

Chapitre 3 : Marquer le monde

Je me souviens un jour, on m'a posé cette question : Quelles sont vos ambitions ? J'étais en classe, tout mes camarades répondaient chacun à leur tours « je veux être directeur commercial, travailler dans tels ou tels domaines ». Plus le moment de ma réponse approchait, plus je me sentais gêné de ce que j'allais dire. Gêné et effrayé que l'on me prenne pour un fou, que l'on me dise « Adrien tu n'es qu'un prétentieux, redescend sur Terre ». Puis le moment fatidique arriva, me voilà seul devant la classe, les yeux de mes camarades me scrutant fixement telle une bête de foire. Je respire et je réponds : « Moi, un jour, je changerai le monde, je ne sais pas encore comment, mais je laisserai une trace. Je veux aider les gens, je veux aider le monde ». Vous imaginez la réaction des personnes aux alentours, j'hésite entre moquerie et colère. Selon ces personnes, je suis prétentieux, trop ambitieux et à la limite de la folie… Ont-ils tort ? Ont-ils raison ? Des hommes n'ont-ils pas tenu les mêmes propos que moi au cours de l'histoire. Martin Luther King, Nelson Mandela ... Tous ces noms représentent, pour moi, des modèles à suivre. Je les admire pour leur détermination et pour leurs actes. Ces personnes à mes yeux, sont des héros. Je ne prétends pas, bien sur, pouvoir les égaler. Je prétends juste vouloir leur ressembler. Ces personnes ont dévoué leur vie à changer le monde, à tenter d'amener la paix, à aimer les autres et à les aider à se construire. Oui je les admire plus que tout. Si eux l'ont fait, pourquoi pas moi ? C'est vrai après tout, ce sont des êtres humains, comme vous et moi, qui ont juste décidé de prendre leur destin en main et celui de cette planète.

Je ne vous demande pas, bien sur, de les admirer. Je souhaitais juste illustrer ma façon de penser.

Marquer le monde... C'est quelque chose de vaste, qu'est-ce-que cela signifie ? Il y a plusieurs moyens de marquer le monde, il existe plusieurs chemins. Vous pouvez choisir de faire le mal (la guerre par exemple) ou de faire le bien (Sauver des personnes). Oui je vous l'avoue j'ai pensé aux deux chemins. Je le reconnais, j'ai même ressenti de l'admiration pour certaines personnes qui ont fait le mal, des grands bandits par exemple. Pour la simple et bonne raison qu'ils ont marqué le monde, ils ont crée un véritable empire et malgré tout, je trouve ça admirable car il faut avoir une force et une détermination hors-du commun. A ce moment là, j'ai même cru devenir un monstre, oui ce terme est dur, mais je me suis dit : « puisque tu admires des criminels, alors tu sombreras dans les ténèbres ». Mais après de longues heures de réflexion, je ne souhaite pas suivre ce chemin car j'aime voir les gens sourire, j'aime donner de l'amour, aider les gens et non les détruire ou faire le mal. Et puis, après tout si j'admire des hommes tel que Nelson Mandela, je ne peux pas devenir un criminel. Alors j'ai décidé que je marquerai le monde par mes actes de bienveillance, que j'aiderai les autres tout en devenant quelqu'un de puissant. Non pas pour écraser les autres, mais bien par ce que lorsque nous sommes puissants nous pouvons réellement aider les autres. Pourquoi ? Car nous avons de l'influence sur le monde qui nous entoure ! Laissez moi vous donner un exemple : Créer une association humanitaire sans être personne et sans avoir beaucoup d'argent, vous sauverez quelques vies (ce que je trouve déjà plus qu'honorable soyons clairs). Mais imaginez avec de l'argent, de l'influence, des relations, vous pourriez sauver des milliers voire même des millions de vies ! C'est ça que je veux ! Je veux devenir quelqu'un de puissant, mais ne pas tomber dans l'égoïsme, dans la face sombre du pouvoir. Je veux grâce à ma puissance, impacter sur ce monde, impacter sur les inégalités, aider ceux qui en ont besoin. Je veux devenir la main qui rattrape celles de ceux qui chutent !

Chapitre 4 : L'amour

L'amour constitue l'un des sentiments les plus puissants qui existe au monde. La force que procure l'amour, les émotions qu'il transmet, rien n'est comparable. J'espère, moi aussi, un jour, être aimé. J'espère pouvoir vivre pour quelqu'un, avoir une personne près de moi sur qui compter, qui serait un pilier dans ma vie. Avez-vous déjà rêvé que vous étiez dans les bras de la personne tant attendue, l'amour de votre vie, dans un paysage idyllique… Et puis d'un coup, le réveil sonne, il est l'heure de se lever, retrouver sa solitude et l'embrasser comme tous les matins. C'est dur n'est-ce-pas ? De ressentir cette boule au ventre qui reste tout le temps du petit-déjeuner. La réalité est parfois cruelle. La vérité c'est que tout le monde a besoin de l'Amour, la preuve vous en rêvez aussi n'est-ce-pas ? Cette boule dans le ventre quand vous vous réveillez c'est le symbole de votre douleur. La douleur qu'entraine la solitude, cette douleur que toute personne veut enlever avant qu'elle grandisse et s'installe dans la routine.

Des gens me disent que certains sont condamnés à rester seul, à ne pas ressentir l'amour. Pourquoi ?! Car ils ne sont pas top-modèle, car ils n'ont pas le physique à Brad Pitt, le salaire d'un joueur de foot et la voiture haut de gamme ? Oui j'ai ressenti et je ressens encore de la colère, même de la haine, contre ces personnes qui pensent que l'amour se résume à un compte en banque ou a une belle geule ! Et je n'ai pas honte de dire que je m'intéresse au physique et que j'irais toujours plus facilement vers une personne qui m'attire physiquement. Je le reconnais… Ce que je refuse c'est qu'on regarde une personne handicapée, « abimée physiquement » et qu'on puisse dire : « Cette personne n'est pas belle, elle ne mérite pas l'amour et elle ne trouvera probablement jamais personne » Je ne peux entendre de telles bêtises ! Cette personne est une belle personne, cette personne est peut-être très intelligente, cette personne a peut être rencontré un événement dramatique dans sa vie... Là où je veux en venir, c'est que tous ces gens qui critiquent de telle façon ces personnes, sachez une chose : Elles sont bien plus fortes que vous ! Tous les matins, elles se lèvent et affrontent le regard des autres. Tous les matins elles affrontent la vie avec moins d'armes que les vôtres mais pourtant ces personnes sourient, rigolent et vivent ! Alors ne vous croyez pas fort car à côté vous êtes faibles !

J'ai souvent été déçu par l'amour, j'ai déçu des personnes qui tenaient à moi... J'ai regretté certaines décisions que j'ai prise dans ce domaine. Mais la vie est ainsi, elle est faite de choix qui nous construisent, le plus important c'est de les accepter et d'en faire une force.

La vérité, c'est que je suis quelqu'un qui rêve du grand amour, vous savez cette douleur au ventre à chaque fois que vous voyez cette personne. Je rêve de l'amour qui est plus fort que la routine, quand deux personnes sont piliers l'une pour l'autre. Je sais que je le trouverai et je ferai tout pour permettre à cet amour d'exister. Je rêve d'une femme à mes côtés qui me fera vibrer, qui comprendra mes rêves, qui je suis, qui, à chaque fois que j'aurai envie de baisser les bras, me retiendra et me dira : « Adrien, tu n'as pas le droit d'abandonner, alors maintenant lève-toi et bat-toi ! »

Chapitre 5: La volonté d'exister et de surpasser les autres

Comme vous devez commencer à le comprendre je suis une sorte de paradoxe à l'intérieur de moi.

Je peux ressentir de la colère, comme de la joie, de la haine comme de l'amour. Je rêve de sauver les gens mais aussi de les surpasser. Je suis de nature très perfectionniste, on me le reproche souvent. Je ne suis pas d'accord avec ça, nous vivons dans un monde de requins, vouloir toujours être le meilleur peut donc apparaître comme une force relativement importante.

Oui je l'avoue, cette pression que l'on s'impose à soi-même constamment, est une torture mais on ne peut pas la contredire car nous sommes ainsi. J'ai souvent implosé, éclaté en sanglot, hurlé de rage, et j'en passe. Car cette pression surcharge nos émotions, notre cœur. Nous n'acceptons plus d'échouer bien que l'échec soit notre meilleur allié car il nous aide à devenir meilleurs.

Je me souviens très clairement, je voulais toujours être le meilleur à l'école. Je ne supportais pas que quelqu'un me dépasse. J'estimais toujours que cette personne ne méritait pas de me dépasser, je ne ressentais pas de la jalousie, c'était pire que ça… C'était de la colère voire de la haine.

Mais quel sauveur de l'humanité dîtes-moi ! Il rêve de sauver le monde mais il déteste les autres et ne rêve que de les surpasser… Oui cette pensée que vous devez avoir en lisant ce chapitre, je l'ai partagée à mon égard au début. Je me demandais souvent, pourquoi réagir ainsi, toi qui prône l'humanité, n'es-tu pas en train de réagir à l'inverse de ces valeurs ?

Puis un jour, j'ai compris d'où venait toute cette colère… Au fond de moi, je suis à la recherche de pouvoir, comme je l'expliquerai plus tard, pour moi, le pouvoir permet d'impacter le monde et donc de le sauver ou du moins l'aider. Et à chaque fois que j'échoue face à quelqu'un, j'ai cette désagréable sensation de faire plusieurs pas en arrière vers mes rêves. J'ai l'impression de ne pas être à la hauteur de ce pouvoir que je cherche.

Ce chapitre est peut-être l'un des plus durs que j'ai eu à écrire. En effet, à travers ces mots je souhaite vous faire comprendre mon état mental, vacillant entre lumière et joie, ténèbres et colère. Comme j'ai écrit dans plusieurs de mes chansons « Je suis le ying et le yang en même temps ».

Chapitre 6 : Le refus du système et la colère

Comme notre ami Thomas MORE, je suis un idéaliste, un rêveur, un utopiste. Je rêve d'un monde différent où l'amour, la paix, la sérénité seront les maîtres du royaume. J'ai une profonde colère contre ce monde, ce système, cette jeunesse.

Depuis quand pour être heureux, faut-il être égoïste et avare.

Depuis quand la société a-t-elle mal tournée ? Les gens ne se regardent plus, ne se sourient plus, ne se séduisent plus… Mais où va le monde, hormis droit dans le mur. Allez parler à des gens dans la rue, souriez leur, et regardez leur réaction, vous seriez surpris. Certains, encore munis d'un cœur pour penser, feront de même en retour. Certains appelleront la police pour harcèlement, certains vous traiteront de pervers ou de pédophile, certains vous diront même « je n'ai pas d'argent » alors que vous vous contentiez de les saluer.

Depuis quand pour exister, faut-il fumer, se droguer, boire des litres et des litres d'alcool, depuis quand cette jeunesse est devenue si lâche au point de ne plus oser affronter la vie sans tout ces artifices ! Réveillons-nous, je fais partie de cette génération et j'ai mal pour elle. Vous savez ce que parfois on me dit lorsque j'explique que je ne fume pas et n'aime pas boire : « Quel loser, tu ne sais pas t'amuser, tu n'es qu'un coincé ». Depuis ce jour là, j'ai compris qu'il y avait un problème plus que sérieux.

Alors je vous pose cette question : Pensez-vous vraiment que le monde va bien ?

Nous sommes endormis par l'état, par des instances supérieures qui pensent avoir le pouvoir des Dieux. Qu'ils comprennent qu'ils ne sont que des Hommes. J'aimerai rencontrer ces gens qui tirent les ficelles du monde, et qui nous marionnettisent. Les regarder droit dans les yeux et leur demander depuis quand ils ont arrêté d'être humain, depuis quand ils ont banni leur cœur de leur pensées, depuis quand sont-ils devenus des monstres !

L'histoire nous prouve que ce malheureux schéma se reproduit encore et encore, les êtres-humains ne tirent jamais de leçons...

La vérité c'est que cette société se laisse diriger, se mutile car elle accepte sans broncher les injustices. Mais le peuple veut-il vraiment être sauvé de ce confort maléfique ? Notre cher Socrate n'a-t-il pas tenté, à son époque, de leur enseigner la sagesse, de les forcer à se connaitre eux-mêmes ? Et dite-moi quel sort lui a-t-on réservé ? Condamné à mort par ce même peuple qu'il tentait d'éduquer et de sauver du vice !

Prenons également l'exemple de l'affaire Dreyfus, l'affaire n'aurait jamais pris de telles ampleurs sans l'aide de cette grande sorcière appelée rumeur. Ainsi les gens croient des choses, certains même écrivent contre des choses qu'ils ne connaissent même pas. Résultat un innocent est condamné ainsi que ceux, qui, en essayant de le défendre, se voient accusé de complicité (L'exemple est Emile Zola, qui après sa publication dans l'Aurore, s'est vu exilé, certes pour peu de temps, mais peu de gens sont venus l'aider, lui qui pourtant se battait pour la justice)

Pour terminer mes parenthèses historiques, je vous laisserai vous renseigner sur l'affaire Jean Calas, un père catholique accusé d'avoir tué son propre fils par religion, Voltaire en a d'ailleurs écrit un livre : « Traité sur la Tolérance ». Dedans il y est expliqué à quel point les hommes peuvent se voiler la face et aller dans la mauvaise direction, sans même, d'ailleurs, accepter qu'on leur indique la bonne direction…

Bref, l'Histoire nous a prouvée que le monde ne tourne pas rond et notre monde actuel continue de perpétuer cette malheureuse destinée.

Je rêve d'un jour gagner et prendre le pouvoir, tout comme ces ombres qui détiennent le monde, en tant qu'Homme et non comme un « Dieu » et, d'égal à égal, je les détruirai tous, je relancerai l'humanité, je bannirai le monde de la bêtise humaine et relancerai le monde du cœur !

Traitez-moi d'idéaliste, traitez-moi de rêveur ambitieux beaucoup trop fier, peu m'importe. Je sais que je n'ai besoin que des personnes qui croient en moi, je n'ai pas besoin de vos critiques. Et un jour, je changerai tout ce système qui a déjà détruit trop de vies humaines, comme je l'ai dis plus haut, je serai la main qui rattrapera celles de ceux qui chutent…

Chapitre 7 : La peur de la mort

J'ai terriblement peur de la mort. Je reste un homme, l'inconnu m'effraie, comme perdre ce que j'ai dans ma vie m'effraie. Je l'avoue, ceci peut paraitre tel du matérialisme.

Dans l'Histoire, des Hommes nous parlent de la mort comme une suite, un nouveau départ. Je ne suis pas religieux et je ne sais pas quoi penser de la vie après la mort. Je suis peut-être encore trop peu élevé spirituellement pour y voir la vérité.

Ainsi Socrate prononça ces derniers mots, avant sa mort (condamné à mort, il se défendit une dernière fois face à un juge et des jurés) : « Mais voici déjà l'heure de nous en aller, moi pour mourir, vous pour vivre. Qui de nous prend la meilleure direction, nul n'y voit clair excepté le Dieu ».

Socrate, grand questionneur, élu l'homme le plus sage des hommes par l'oracle, voyait dans la mort, la possibilité d'aller rencontrer ses dieux et d'autres personnes à questionner dans l'au-delà, où il trouverait bon public. Ayant vécu une vie vertueuse, pour lui, la mort n'est que la récompense de cette vie, en quelques sortes.

Ainsi comme Socrate, les stoïciens ne craignent pas la mort, Sénèque pense que nous devons accepter notre sort et que c'est le seul moyen d'atteindre le bonheur et la paix intérieur. La mort apparait donc comme une force qui nous surpasse et que nous ne devons pas chercher à combattre.

A l'époque de ces philosophes, la pratique de la religion était chose courante, la mort n'avait pas la même « symbolique » qu'à l'heure actuelle. La mort apparaissait moins tragique et source de chagrin, que dans nos temps modernes. Certaines cultures ont gardé cette vision de la non-crainte de la mort, comme les hindoues, par exemple, qui, croyant en la réincarnation, ne voient pas la mort comme une fin mais vraiment comme le début d'une nouvelle vie.

Mon problème, me direz-vous, c'est que n'étant pas religieux et ne portant pas une foi inconsidérée à une divinité (bien qu'étant agnostique), je ne peux pas affronter la peur de la mort avec ces armes.

Alors oui mes amis, ceci est une faiblesse, que je pense corriger avec l'âge. En effet, de par mon jeune âge, je ne pense qu'à vivre, vivre et encore vivre. Pour moi, pour ne pas avoir peur de la mort, il faut ne pas avoir peur de regretter sa vie. Partir en se disant que nous avons réalisé ce qu'on voulait réaliser, fait ce qu'on voulait faire sur cette terre, n'est-ce-pas là, la plus grande réalisation personnelle que toute personne souhaite ? Partir l'esprit tranquille car nous n'attendons plus rien de cette vie et que nous lui avons déjà tant donné.

Deuxième partie

La véritable force est en nous

Chapitre 8: L'espoir

Ah ! L'espoir, tant de signification pour un seul petit mot. A vrai dire l'espoir c'est la vie, l'espoir c'est ce qui vous dit : « continue de te battre car ta vie sera meilleure » « Continue, encore et encore, car tu sais au plus profond de toi que tu atteindras tes objectifs ». C'est l'espoir qui a crée les grands hommes ou parfois des grands hommes controversés, mais là ou je veux en venir c'est que c'est l'espoir qui leur a permis de se réaliser.

Notre capacité à visualiser, à nous imaginer, à créer dans notre esprit, l'être humain que nous voulons devenir. Ce désir ardent amène à l'espoir, l'espoir de nous dire : « un jour ce sera mon tour, je réussirai, je créerai la vie dont j'ai toujours rêvée, je deviendrai celui que je veux être… » Qui n'a d'ailleurs jamais ressenti de frissons juste en visualisant sa réussite. Qui n'a pas été transcendé par cette sensation de bien-être extrême allant jusqu'à verser des larmes d'émotions. Ce sentiment que vous pouvez y arriver, que vous y croyez et que vous le voulez si fort qu'il n'y a pas d'autres chemins possibles à vos yeux. Alors l'espoir naît, cette petite voix qui vous dit : « vas-y tu peux le faire, tu n'es pas comme les autres, tu changeras le monde, tu deviendras le nouveau Gandhi, le nouveau Mandela, le nouveau Luther King ».

Ne vous sentez pas gêné de penser ainsi, bien au contraire, soyez fier de laisser l'espoir vous envahir, car l'espoir, avec l'amour, font parti des sentiments les plus puissants de ce monde. Ce sentiment vous sortira de bien des mauvais moments, vous fera sourire quand vous aurez envie de pleurer, vous aidera à ne pas échouer quand il ne faudra pas. L'espoir, c'est votre meilleur ami, votre meilleure force, votre pilier, cette lueur qui, même au milieu des ténèbres les plus profonds, viendra vous éclairer. Raccrochez-vous à l'espoir, croyez en lui, cultivez-le, mais ne le laissez jamais disparaitre car quand l'espoir disparait, la lumière s'éteint et le rideau se ferme.

Chapitre 9: Le rêve

Le rêve amène l'espoir ou l'espoir amène le rêve, à vous de voir les choses comme vous le désirez mais la réalité c'est que le rêve et l'espoir sont directement liés. Qui peut me dire : « Je n'ai pas de rêve mais j'espère » ? Qui peut me dire qu'il ne rêve de rien ? Je vais vous dire nous avons tous des rêves, aussi fous soient-ils, nous ne leur donnons juste pas forcément le droit d'exister !

Mais le rêve est une force tellement puissante, car sans rêve nous n'avançons pas, ce sont ces rêves qui fixent nos limites, ces rêves qui nous donnent la force d'avancer, qui nous donne l'espoir qu'un jour tout cela change. Laissez-moi vous parler de Nelson Mandela, cet homme est le parfait exemple du rêve et de l'espoir. Malgré toutes les embûches dans sa vie, il est devenu ce qu'il voulait être, il a fait ce qu'il voulait faire. Comment a-t-il fait ? Et bien il a rêvé ! Il a rêvé d'un monde de paix, il a rêvé d'un monde d'égalité, où l'amour prônerait sur la haine, et ce rêve l'a amené à l'espoir, cet espoir qui l'a sauvé, qui l'a aidé à garder la tête hors de l'eau lorsqu'il était emprisonné. Cette lueur qui lui a dit : « N'abandonne pas, tu n'as pas le droit d'abandonner tes rêves, bat toi, mais ne lâche pas tes rêves, car dès lors que tu les auras abandonné, tu seras condamné… »

Le rêve c'est notre monde, c'est notre capacité à construire intérieurement tout ce que nous désirons construire plus que tout. Nous grandissons avec nos rêves, parfois ils évoluent, mais ils sont toujours là, au fond de nous. Nous pouvons les sentir, cette chaleur qui nous rassure car à travers nos rêves, nous comprenons que finalement nous ne sommes pas là par hasard. Car rêver c'est créer et si l'on crée alors nous sommes là pour quelques choses.

Souvenez-vous, quand vous étiez enfant, vous regardiez des super-héros, des princesses, et vous vous disiez, « un jour je deviendrai comme ça » car quand nous sommes enfant, nous détruisons toutes les barrières, nous détruisons les règles que cette réalité nous impose, nous pensons enfin librement. Nous arrêtons de voir les règles, nous savons juste que nous voulons ressembler à Clark Kent ou bien à la belle au bois dormant, mais rien ne peut nous arrêter, car nous ne savons pas si ce rêve est impossible ou non. Nous sommes justes obnubilés par le fait de le réaliser. Et c'est ça qui nous fait sourire, c'est ça qui nous fait vibrer, qui nous fait avancer, grandir, construire. Le rêve est un moteur d'évolution, contrairement à ce que beaucoup de gens pensent. En effet, beaucoup de personnes vous diront, les rêves ce n'est pas la réalité, rêver c'est pour les enfants ou les personnes non-matures, les rêves ce n'est qu'un idéal et les idéalistes n'ont pas la tête sur les épaules. Oui je ne suis personne, mais laissez-moi vous dire que c'est faux, qui a le droit de vous dire que vos rêves resteront des rêves ? Ces personnes qui vous le disent sont des personnes qui ont arrêté de rêver. Allez donc leur demander depuis quand leur vie est devenue ennuyante à en mourir.

Allez leur demander s'ils ont, ne serait-ce qu'essayer de réaliser leur rêve ! Car s'ils avaient réellement essayer et qu'ils avaient ressenti le bonheur de réaliser ne serait-ce qu'un petit rêve, ou une petite étape dans un grand rêve, alors ils ne seraient pas là, à vous dire que vous êtes un rêveur sans-utilité pour la société ! Non ils seraient déjà en train de réaliser leurs propres rêves et à vous encourager de faire de même... Ne perdez pas votre temps avec ce type de personnes, ces individus n'ont tout simplement rien retenu de l'Histoire. Celle-ci a été construite grâce à des rêves, des rêves de changement, d'évolution et/ou de révolution, de paix ou de guerre. Ce sont ces rêves qui ont permis au monde d'avancer, je dirais même plus, ce sont ces « rêveurs inutiles à la société » qui ont fondé cette société...

Chapitre 10: L'ambition et la détermination

Penses-tu que si tu échoues et que tu abandonnes, tu sortiras de ta tristesse ? Penses-tu qu'abandonner changera ta vie ? NON ! Tu veux changer ta vie, alors lève toi et bat toi, n'ait plus peur de perdre car perdre c'est apprendre ! Bat toi, n'ait plus peur d'avancer dans le noir car avancer c'est évoluer ! N'ait pas peur de rêver car rêver c'est créer ! Mes amis, chuter une fois ne veut pas dire chuter à jamais, seule l'atterrissage importe, allez-vous atterrir fort ou allez- vous vous écraser et arrêter de vivre ? Pensez-vous que, si vous échouez, vous ne réussirez pas ? Regardez tous les grands hommes qui vous animent, que vous rêver de suivre, n'ont-ils pas échoué ? Bien sur que si, et ce sont même ceux qui ont le plus échoué ! Car, même si la défaite ou l'échec peut être lourd à accepter, à porter, croyez-moi, il vous construit ! C'est l'échec qui a crée ces hommes, cet échec qui leur a fait comprendre que plus jamais ils ne voudraient revivre cette expérience, que dès aujourd'hui ils devraient toujours se relever pour atteindre leur rêves.

Je crois en vous, je sais que vous êtes bons, que vous êtes puissants, alors prouvez à la vie que vous l'êtes, dites lui non lorsqu'elle vous pousse vers la sortie, tenez lui tête. Regardez la droit dans les yeux et dite lui : « Tu peux toujours essayer, je ne perdrai pas ! Je suis le maitre de ma vie, l'unique et le seul » « Personne ne peut me dicter comment penser, comment vivre, je décide, je dirige ma vie ! » Personne n'a le droit de juger vos rêves, de les critiquer, de dire qu'ils sont fous ou bien irréalisables. S'il y a bien quelque chose que notre monde nous prouve c'est que rien n'est irréalisable. Il y a 100 ans, posséder une tablette, soigner des maladies autrefois incurables, et j'en passe, était juger irréalisables... Et pourtant, des hommes l'ont fait, des hommes ont changé le monde par leur détermination à vouloir le voir changer, ils n'ont pas écouté les critiques, les injures, ils ont décidé qu'ils voulaient faire ça et pas autre chose. Ils se sont interdits d'échouer, ils ont échoué mais ont appris ce qui n'est donc pas un échec. Et au final c'est eux que l'on acclame c'est eux, les « fous », qui ont changé le monde….

Je veux vous voir briller, voir vos yeux se remplir d'espoir, retrouver les sourires… Je ne veux plus qu'un individu vienne vers moi et me dise : « La vie est ennuyante, je ne veux plus vivre, la vie est devenu un fardeau » Non ! Je ne veux plus entendre ça, des gens détruits par la vie, par les autres, qui finissent par abandonner… Je veux vous donner l'espoir, l'envie de rêver, d'apprendre, d'avancer, de réaliser… Vous êtes puissants, nous pouvons tous briller, laissons nous juste le droit…

Chapitre 11: Nos choix et nos actes

« La vie est faite de choix »

Nos choix induisent nos actes. La vie est un long chemin avec, au milieu, plusieurs voies possibles, des ronds points, des impasses… Le choix consiste à choisir le chemin que l'on veut. C'est ce choix qui va nous amener sur telle ou telle voie et vers l'action. Vous voulez devenir écrivain, alors choisissez de le devenir et agissez. Vous voulez devenir musicien ? Alors faite de même !

Nos choix sont le reflet de notre personnalité, cela représente qui nous sommes. Alors allez-vous choisir d'être vous-même ? Je l'espère pour vous, car sinon vous allez regretter et c'est la pire des sensations…

« Nos actes parlent pour nous »

« On ne nait pas héros, on le devient par nos actes ».

Les actes sont la partie émergée de l'iceberg, les autres ne verront pas forcément les choix que vous avez faits, ils verront les actes, ce que vous montrez au grand public. On vous juge sur vos actes, pas juste sur vos paroles.

Si je devais vous dire une chose, c'est : « Agissez ». Ne vous contentez pas de faire des grands discours, sinon personne ne vous prendra au sérieux. Agissez, aussi, pour vous-même, quelle meilleure sensation que de sentir que l'on a réussi ? Cette sensation d'avoir fait ce que l'on voulait faire, c'est une sensation jouissive.

Comme disait Einstein, l'impatience est notre meilleur allié. En effet, plus nous sommes impatients de posséder ou de faire quelque chose, plus nous tendons vers l'action. Nous quittons notre passivité agréable pour plonger dans l'inconnu, la tête la première. Oui ceci peut effrayer, je le conçois. Mais de temps en temps, arrêtez d'écouter cette petite voix appelée raison et suivez ce qui vous fait vraiment vivre : votre cœur ! « On peut survivre la tête détruite, on ne peut pas sans son cœur ».

J'aimerai partager avec vous cette citation de Gandhi, loin de moi l'idée de vous donner des envies révolutionnaires. Je cherche juste à vous démontrer la force de l'action, la croyance que nous devons transmettre à nos actes !

« Un individu conscient et débout est plus dangereux pour le pouvoir que dix milles individus endormis et soumis »

La force d'une personne nait dans sa capacité à donner vie à ses rêves, à leur donner le droit d'exister. C'est par ses actes qu'il les fait sortir de leur peinture.

Je veux que dès aujourd'hui, plus jamais, vous ne regrettiez un choix ! Car le regret vous rongera et vous détruira de l'intérieur. Dès aujourd'hui, soyez fier de vos choix, comprenez qu'eux aussi vous ont construit. Si vous les avez faits c'est qu'il y avait une bonne raison, alors assumez et ne regrettez pas, car vous avez fait le bon choix ! Je veux également que vos rêves et vos ambitions entrainent vos actes. N'ayez plus peur d'agir. Préférez-vous vivre avec du regret, le regret de ne pas avoir tenté. Ou préférez-vous vivre avec la fierté d'avoir au moins essayé. Et croyez-moi, si vous essayez sans jamais abandonner, vous réussirez !

Chapitre 12: La quête de pouvoir et de richesse

Je souhaiterai briser une idée qui commence à s'installer dans l'esprit de beaucoup de personnes, à mon grand désespoir. En effet, il est devenu monnaie courante de critiquer les personnes à la recherche de pouvoir et de richesse. Il faut, selon la pensée générale, les éviter, car ce sont des personnes malsaines, inhumaines, qui marcheraient sur les autres pour obtenir du pouvoir.

Laissez-moi vous dire une chose, ceci est totalement faux! Menteur, allez-vous me dire. Je vous répondrai simplement que dans la vie, il faut vouloir les choses pour les avoir et non simplement attendre passivement que les choses bougent car cela ne se passent jamais comme ça. C'est pourquoi, quelqu'un courant perpétuellement à la recherche du succès, n'est pas quelqu'un de négatif, bien au contraire, c'est quelqu'un de fort. Quelqu'un qui croit qu'il est assez fort pour aller chercher ce qu'il veut sans faire appel à la chance ou le destin. Ces personnes sont fortes pour la simple et bonne raison qu'elles possèdent l'ambition et la détermination, développées dans les chapitres précédents.

Bien sur, il y a l'avidité de pouvoir, qui est la face sombre de cette quête. Il y a des gens qui veulent le pouvoir pour écraser les autres, avoir beaucoup d'argent et le garder seulement pour eux. Oui ces personnes égoïstes, avares et prétentieuse existent, elles font partie de ce que j'appelle la partie destructrice du pouvoir. Mais je tiens à vous rassurer, ce type d'être humain ne sont pas les seuls. Vous avez même des gens possédant un pouvoir énorme et s'en servant pour faire le bien. Prenons l'exemple de Bill Gates, oui il est l'homme le plus riche du monde, oui il roule surement dans des plus belles voitures que nous et vit dans une maison tellement immense que son salon fait 3 fois notre maison! Mais cet homme investit une grande partie de sa fortune dans les aides humanitaires et même dans sa propre association humanitaire qu'il a lui-même créée avec sa femme. On estime qu'il a déjà sauvé plusieurs milliers de vie juste par ce geste. Alors les hommes puissants sont ils tous condamné à sombrer dans les ténèbres?

D'un point de vue personnel, je suis à la recherche du pouvoir, c'est vrai. Mais je prône le pouvoir créateur. En effet, pour moi, le pouvoir permet d'avoir une vie plus facile, certes, mais également de rendre plus agréable celles des autres. Comme disait Wosniak, le co-fondateur d'Apple et ami de Steve Jobs: "Ce qui excitait Steve quant à la puissance qu'il possédait n'était pas seulement l'argent, mais le fait qu'il puisse, grâce à tout cela, impacter sur le monde qui l'entoure".

C'est là que je veux vous amener. Quand vous avez le pouvoir, vous gagnez l'opportunité d'aider le monde, ou de le détruire. D'où les deux notions de pouvoir créateurs et son opposé le pouvoir destructeur...
Le pouvoir ne peut pas être négatif, seul son possesseur peut l'être, tout comme il peut être créateur...
Si vous êtes assez fort pour contrôler la face négative du pouvoir, alors vous deviendrez une sorte de sage, de guide, de héros qui inspire les autres. Si vous sombrez dans l'avidité et les ténèbres du pouvoir, alors

vous deviendrez un requin, une personne malsaine et un antihéros ...

Chapitre 13: L'instinct

Nous sommes dotés d'une force assez incroyable, appelée l'instinct. En effet ce dernier fait parti des singularités qui nous composent et qui nous permettent de faire des choix.

Lors de période de doutes, ou de décisions importantes, beaucoup se réfèrent à leurs instincts qui fait pencher la balance d'un côté ou de l'autre.

Je vais vous dire une chose, l'instinct, n'est pas une force, c'est le reflet de votre âme, de votre confiance en vous et de votre aptitude à prendre des décisions. Ainsi, une personne qui vous dira qu'elle croit plus que tout en son instinct, est, en fait, une personne qui croit en elle.

C'est pour cela que je veux que vous écoutiez votre instinct, car plus vous l'écouterez et qu'il vous rendra service, plus vous aurez confiance en vous. Vous vous direz "Quand je me fais confiance, je réussis, je dois donc avoir confiance en moi. Je suis fort dans la prise de décision et j'en suis fier!"

Chapitre 14 : Soyez humain !

Je vous pose la question : N'y a-t-il pas déjà assez de guerres destructrices ? Il y a de quoi faire se retourner ce pauvre Sun Tzu dans sa tombe. Tout ces conflits, ces guerres, viennent nous priver de vies, telle la plus expérimentée des faucheuses... Mais en plus de ça, elle nous enlève notre identité, notre humanité ! Les guerres viennent des hommes, depuis les temps les plus anciens, on peut même dire qu'elles ont conditionné le monde à être comme il est à l'heure actuelle. Mais historiquement les guerres n'étaient pas « injustes », ce que j'entends par là, c'est que deux armées s'affrontaient, mais comme nous le rapporte Sun Tzu dans son « art de la guerre », les civils, même quand ils étaient amenés à être fait prisonniers, étaient traités avec bienveillance et justice. De nos jours, nous exécutons nos prisonniers, nous les torturons à mort, nous amenons un climat de haine.

Je risque de me faire des ennemis... Mais les terroristes sont partout, ce ne sont pas des juifs, pas des musulmans, pas des chrétiens ou autres, ce sont des gens qui ne respectent pas l'humanité. Nous pouvons traiter les Etats-Unis de terroristes si nous regardons la guerre du Vietnam. Nous pouvons faire de même si nous regardons les agissements de certains soldats français en Algérie, lors de la guerre, et j'en passe...

Là où je veux en venir, amis lecteurs, c'est que nous pouvons tous être des terroristes. Comme vous le savez, nous sommes tous dotés, à notre naissance, d'une pulsion de vie et d'une pulsion de mort. Ces terroristes sont des gens qui vivent accompagné de leur pulsion de mort, mais vous et vous seul pouvez choisir d'écouter l'autre voix, votre pulsion de vie.

Ce qui crée le monde c'est nous, être humains, nos pensées (Comme disait bouddha, nos pensées font le monde), nos choix, nos caractères... Si le monde va mal aujourd'hui, ce n'est pas seulement à cause des autres, c'est à cause de nous tous, être humains, qui avons tous, à un moment de notre vie, laisser entrer la haine, la vengeance et tout autre vice dans nos cœurs. Nous avons tous, un moment dans notre vie, été inhumain. Mais ce n'est pas une honte, lisez les histoires de personnalités telles que Gandhi ou bien Mandela, ce ne sont pas des personnes qui ont été humaines à chaque seconde et chaque battement de leur cœur. Mais ils ont compris l'erreur qu'ils avaient faite et l'ont corrigée. Nous pouvons tous corriger nos erreurs. J'aimerai que tous les lecteurs de ce livre, se remémorent les fois où ils ont regretté d'avoir mal agi. Je veux que vous vous pardonniez et que vous avanciez. Mais, gardez ces moments désagréables en tête pour avancer, et obligez-vous dès maintenant à penser en tant qu'être humain muni d'un cœur et non comme un simple être dépourvu de sagesse et de bienveillance.

Chapitre 15 : Vivez VOTRE vie

Comme j'écrivais au chapitre 7, qui y'a-t-il de pire que de mourir en ayant des regrets et en pensant qu'il nous reste des choses à faire.

Vivre la vie dont on rêve, faire de sa vie son propre rêve, n'est-ce-pas là, la véritable « vie réussie » ?

Je sais que ce monde, ces systèmes, vous diront de faire telle ou telle chose plutôt qu'une autre. Ils chercheront à vous dicter une façon de penser, une façon de vivre. Ne les écoutez pas, il n'y a jamais eu et il n'y aura jamais de vie « toute faite ». S'il y a bien quelque chose que le monde nous apprend de jour en jour, c'est ceci : Si nous écoutions les cadres que l'on nous impose, nous serions des robots, les parfaits petits employés que l'on sous-estime et soumet à une autorité que l'on juge supérieure à eux. De quel droit ?! De quel droit, des personnes peuvent venir vous dire : « Tu dois faire ceci, cela et puis ça, c'est ton destin, il faut que tu deviennes le parfait petit chien de ce système. » Je pense que tout autant que moi, vous savez que les hommes qui ont marqué l'Histoire et qui l'ont amenée à évoluer, sont les individus qui, justement, ont refusé de suivre le courant et ont appris à réaliser leur propre destinée, pas celle qu'on leur a attribuée à leur naissance ! Pour argumenter ces quelques phrases, voici l'exemple le plus marquant : A l'école, nous vous apprenons des choses orientées, nous vous apprenons à considérer telle ou telle personne, comme le méchant. Vous êtes vous déjà demandés pourquoi nous étudions tous la même chose dans l'occident ? Et regardez les cours, soi-disant de créativité (Philosophie, français…), pourquoi sont-ils bridés, pourquoi ne laissent-ils pas les élèves exprimer clairement leur créativité, là est pourtant l'intelligence. Car ils ont peur, ils ont peur qu'en nous apprenant à penser par nous-mêmes, ils créent des leaders, libres penseurs, qui un jour, comprendront les problèmes de ce monde et viendront faire tomber ces faux-leaders qui dirigent le monde de la pire des façons...

Ce qui compte, c'est de faire ce que vous avez envie, de ne jamais regretter, d'en prendre plein les yeux. Vous voulez explorer l'Himalaya, allez-y ! Gravir l'Everest, qu'attendez-vous ! La vie doit être remplie d'émotion, c'est ce qui la rend belle, mais ces émotions ne viennent pas forcément à vous toutes seules. Il faut savoir aller les chercher... Et j'insiste sur un point, surtout, ne laissez personne vous dicter une ligne de vie à suivre.

Apprenez à penser différemment, loin de moi l'idée de vous dire d'être des révolutionnaires ou des criminels, mais apprenez à ne pas voir le monde tel qu'on vous demande de le voir. Allez plus loin que ça, instruisez-vous, voyagez, découvrez, fondez-vous votre propre façon de penser. Là vous pourrez découvrir les joies de la liberté et de la libre-pensée. N'arrêtez pas de penser avec votre raison, mais commencez à écouter votre cœur.

Amis lecteurs, nous sommes le futur de notre monde, nous bâtissons le monde, nous en sommes les acteurs et devons enfin commencer à penser comme tels.

© 2015, Adien Smajdor
Edition : BoD - Books on Demand,
12/14 rond-point des Champs Elysées, 75008 Paris
Impression : BoD - Books on Demand GmbH, Norderstedt, Allemagne
ISBN : 9782322017478
Dépôt légal : Mai 2015